Natürlich magellan©

Wir pflanzen Bäume
Für unsere Umwelt
www.magellanverlag.de

Hergestellt in Deutschland
Gedruckt auf FSC®-Papier
Farben auf Pflanzenölbasis
Lösungsmittelfreier Klebstoff
Drucklack auf Wasserbasis

2. Auflage 2018
© 2018 Magellan GmbH & Co. KG, Laubanger 8, 96052 Bamberg
Alle Rechte vorbehalten.
Text: Annette Amrhein
Illustration: Sabine Straub
Umschlaggestaltung: Christian Keller
unter Verwendung einer Illustration von Sabine Straub
ISBN 978-3-7348-2040-3

www.magellanverlag.de

DER ÜBERRASCHENDE
WEIHNACHTSBRIEF

Annette Amrhein · Sabine Straub

magellan

Bald war Weihnachten. Der kleine Waschbär
hatte nur einen Wunsch: Er wollte so gerne
einmal einen eigenen Brief bekommen.
Auf dem Umschlag sollte stehen: *An Puck,
den kleinen Waschbären,* und er wollte
ihn ganz allein aus dem Umschlag holen.

Aber Puck bekam keinen eigenen Brief. Dabei
trudelte jetzt, in der Weihnachtszeit, täglich
Post im Gartenhaus der Waschbärenfamilie
ein. Die hübschen Karten und Briefe waren
auf dem Fensterbrett aufgereiht. Aber immer
stand da nur am Schluss: *Viele Grüße auch
an den kleinen Waschbären.*
Das war alles.

Puck freute sich sehr auf Weihnachten. Mit seinen
Freunden bastelte er Papiersterne und klebte sie ins
Fenster. Dabei beobachtete er die Vögel, die im Wald
die Post austrugen. Für ihre Dienste erhielten sie
Körner, Beeren und was sie sonst gern fraßen. Jetzt,
in der Adventszeit, waren besonders viele von ihnen
mit Weihnachtspost am Himmel zu sehen, nur für
Puck war nichts dabei!

„Ach, ich hätte so gerne einen eigenen Brief", sagte
er leise und seufzte.

Das hörte Mama Waschbär.

Wenn das so ist, dachte sie, dann habe ich eine Idee, wie ich Pucks Weihnachtswunsch erfüllen kann. Onkel Schnurrbart schreibt täglich Briefe, weil er so viele Freunde und Bekannte hat. Da könnte er doch auch einen an meinen Puck schicken. Sie nahm Stift und Papier und bat Onkel Schnurrbart gleich um Hilfe.

Den Brief gab sie der Elster. Denn der Onkel hörte schlecht und die Elster keckerte laut wie eine Türklingel.

Am nächsten Morgen wurde Onkel Schnurrbart in seinem Haus im Wald
vom Keckern der Elster geweckt. Verschlafen schlurfte er hinaus.
Er bekam einen Brief! Gespannt öffnete er ihn und las. Onkel Schnurrbart
verstand den Wunsch des kleinen Puck sehr gut. Schließlich hatte er
als Kind auch so gern Post bekommen. Also setzte er sich sofort hin
und schrieb einen ganz besonderen Brief zurück. Er hatte nämlich
ein großes Herz für kleine Tiere.
Und darum machte er nun einen Fehler.

Der kleine Zaunkönig, der in der Hecke nebenan wohnte, bettelte wie schon oft zuvor: „Lass mich deinen Brief austragen!"
Der gutmütige Onkel Schnurrbart gab nach und vertraute ihm den Umschlag für Puck an. Dabei war der Zaunkönig viel zu klein dafür. Aber er nahm alle Kraft zusammen und flog mit dem Brief im Schnabel los.

Onkel Schnurrbart sah nicht mehr, wie den Zaunkönig die Kraft verließ.
Er sank immer tiefer und fiel geradewegs in ein Gebüsch.
Mühsam kämpfte er sich daraus hervor und schimpfte bockig: „Dann bring ich den Brief eben zu Fuß weg!"
Das würde dauern! Denn er musste rückwärtsgehen und den Umschlag mit dem Schnabel nachziehen.

Weihnachten rückte immer näher. Puck wollte Kekse für seine Eltern backen, und damit es auch wirklich eine Überraschung war, durfte er den Backofen des alten Dachses benutzen. Pucks Freunde halfen fleißig mit. Als sie gerade die ersten fertigen Kekse aus dem Ofen geholt hatten, landete ein Eichelhäher auf der Lichtung. Er wollte sich am Ofen aufwärmen, bevor er mit seiner Post weiterflog. „Möchtest du auch probieren?", fragte Puck.
Dankbar pickte der Eichelhäher ein paar Krümel auf und machte sich dann wieder auf den Weg. Was wohl in dem bunten Umschlag steckte, den er bei sich trug?

Währenddessen kämpfte sich der Zaunkönig tapfer über die
verschneiten Wege.
Aber gut, dass alles weiß war! So sah er die schwarze Katze,
bevor sie ihn entdecken konnte. Er flog auf den Ast eines Baumes,
doch den schweren Briefumschlag musste er am Boden lassen.

Die Katze schnupperte daran. Sie würde ihn doch nicht mitnehmen?
Aber nein. Schnell verlor sie das Interesse und lief davon.
Der kleine Bote atmete tief durch, flatterte auf den Boden und setzte
seinen Weg fort.

Ein paar Tage später suchten Puck und seine Freunde in der Menschensiedlung nach besonderen Leckereien für Weihnachten.

„Man muss auch an die Tiere denken", sagte eine Frau, als sie sich bückte und Nüsse, Äpfel und eine Möhre auf ein Tellerchen legte. Sie zwinkerte den drei Freunden zu, die vorsichtig hinter einer geschmückten Tanne hervorlugten.

Aber dann kam der Briefträger auf dem Fahrrad und brachte ihr einen Umschlag.

„Wie habe ich darauf gewartet", sagte die Frau glücklich, presste ihre Post an die Brust und ging ins Haus.

Puck verstand sie sehr gut. So ein Brief war bestimmt eine große Freude!

Dann war endlich Heiligabend. Mama Waschbär hatte Puck nach draußen geschickt, und so baute er mit seinen Freunden einen Schneemann. Er war ganz vertieft in seine Arbeit, als er plötzlich ein aufgeregtes Piepsen hörte.

„Aaaachtung!" Etwas sauste vom Hang aus auf die Freunde zu.

Was war das? Es preschte heran und landete genau vor Pucks Füßen.

Da war ja ein Brief! Und ein winziger Zaunkönig lag daneben, ganz erschöpft. Der kleine Vogel hatte den Brief wie einen Schlitten benutzt und war damit auf dem spiegelglatten Weg bergab gerutscht! Vorsichtig hob Puck Brief und Vogel auf und trug sie nach Hause.

Dort kümmerten sich erst einmal
alle um den winzigen Boten.
Er wurde gefüttert. Er bekam zu
trinken. Er wurde auf einen Sessel
gebettet und schlief sofort ein.
Dann sah Puck sich den Brief
genauer an. Der war ja für ihn!

Er strahlte. Und wunderte
sich. Denn auf dem Umschlag
stand *An Puck, den großen
Waschbären*.
„Groß?", fragte Puck. Jetzt
war er aber gespannt.

Mit Herzklopfen holte er den Brief
aus dem Umschlag. Es war eine
Karte, und als Puck sie aufklappte,
entfaltete sich ein wunderbarer
Tannenbaum mit bunten Kugeln.
Darunter stand geschrieben:

„Lieber großer Waschbär Puck!
Ich weiß noch genau, dass ich in deinem
Alter nicht mehr klein sein wollte.
Darum schreibe ich *großer Waschbär*.
Ich wünsche dir ein wunderbares
Weihnachtsfest! Viele Grüße auch
an Mama und Papa Waschbär. Dein
Onkel Schnurrbart."

Puck kicherte und sagte: „Ich soll euch
grüßen." Dann stellte er die Karte zu
den anderen auf das Fensterbrett.
„Jetzt feiern wir Weihnachten!", meinte
Mama Waschbär und alle setzten sich
an den Tisch.
Natürlich durfte auch der Zaunkönig
mitfeiern. Und Puck? Der war so
glücklich wie noch nie.